El Presente

El regalo que lo hará más feliz y exitoso a partir de hoy

Spencer Johnson

El Presente

El regalo que lo hará más feliz y exitoso a partir de hoy

AGUILAR

This translation published by arrangement with Doubleday, a division of Random House, Inc.

Copyright © 2003 by Spencer Johnson

Traducción de Gerardo Hernández Clark

De esta edición:

D. R. © Santillana Ediciones Generales, S.A. de C.V., 2003
Av. Universidad 767, Col. del Valle
México, 03100, D.F. Teléfono 54 20 75 30

Distribuidora y Editora Aguilar, Altea, Taurus, Alfaguara, S. A.
Calle 80 Núm. 10-23, Santafé de Bogotá, Colombia.
Santillana Ediciones Generales, S.L.
Torrelaguna 60-28043, Madrid, España.
Santillana S. A.
Av. San Felipe 731, Lima, Perú.
Editorial Santillana S. A.
Av. Rómulo Gallegos, Edif. Zulia 1er. piso
Boleita Nte., 1071, Caracas, Venezuela.
Editorial Santillana Inc.
P.O. Box 19-5462 Hato Rey, 00919, San Juan, Puerto Rico.
Santillana Publishing Company Inc.
2043 N. W. 87 th Avenue, 33172. Miami, Fl., E. U. A.
Ediciones Santillana S. A. (ROU)
Cristóbal Echevarriarza 3535, A.P. 1606, Montevideo, Uruguay.
Aguilar, Altea, Taurus, Alfaguara, S. A.
Beazley 3860, 1437, Buenos Aires, Argentina.
Aguilar Chilena de Ediciones Ltda.
Dr. Aníbal Ariztía 1444, Providencia, Santiago de Chile.
Santillana de Costa Rica, S. A.
La Uruca, 100 mts. Este de Migración y Extranjería, San José, Costa Rica.

Primera edición: noviembre de 2003

ISBN: 968-19-1334-5

D. R. © Rediseño de cubierta: Antonio Ruano Gómez
Diseño de interiores: Times Editores, S.A. de C.V.

Impreso en México

Dedicado a quienes forman parte de este libro,
en especial a mi familia.

Índice

Antes de la historia

Una noche, Bill Green recibió una llamada apremiante de Liz Michaels, una antigua compañera de trabajo.

Ella sabía que Bill gozaba de gran éxito y fue directo al grano: «¿Podemos vernos pronto?» Su voz denotaba cierta tensión.

Bill dijo que sí y ajustó su agenda para almorzar al día siguiente con ella. Cuando la vio entrar al restaurante, notó lo fatigada que se veía.

Luego de intercambiar unas palabras y ordenar el menú, Liz le dijo:

«Me dieron el puesto de Harrison.»

«Felicidades», contestó Bill. «No me sorprende que te hayan ascendido.»

«Gracias, pero las cosas han cambiado mucho desde que te fuiste. Hay menos empleados y más trabajo. Parece que no hay tiempo para terminar nada. Además, no estoy disfrutando mi trabajo y la vida como quisiera. A propósito, Bill», agregó cambiando el tema, «te ves muy bien».

«Estoy bien», respondió él. «Disfruto más mi trabajo y mi vida. ¡Fue un cambio muy provechoso!»

«¿Cambió tu trabajo?»

«No, pero muchos parecen tener esa idea», dijo Bill riendo. «Todo empezó hace como un año.»

«¿Qué ocurrió?», preguntó Liz con curiosidad.

«¿Recuerdas cómo me presionaba y presionaba a los demás para obtener buenos resultados y cuánto tardábamos en concluir las cosas?»

«Lo recuerdo muy bien», dijo Liz riendo.

Bill sonrió como si le hiciera gracia su anterior comportamiento.

«Bueno, he aprendido algunas cosas y mis compañeros también. Obtenemos mejores resultados, de manera más rápida y con menos estrés. Por si fuera poco, disfruto más la vida.»

«¿Qué ocurrió?», preguntó Liz.

«Si te lo dijera, no me creerías.»

«Haz la prueba.»

Bill hizo una pausa y dijo:

«Un buen amigo me contó una historia que resultó ser un auténtico regalo. De hecho, la historia se llama *El Presente*.»

«¿De qué trata?»

«Es sobre un joven que descubre la manera de vivir y trabajar más feliz y exitosamente ¡a partir de hoy!»

«¿*Hoy*?», preguntó Liz.

«Sí. Esa es la parte esencial de la historia.»

«Cuando la escuché, reflexioné sobre ella y sobre cómo podía beneficiarme. Luego puse en práctica lo que aprendí, primero en el trabajo y luego en mi vida personal. Esa historia tuvo una gran influencia en mí, y los demás empezaron a notarlo. Al igual que el protagonista de la historia, ahora soy más feliz y mi desempeño ha mejorado muchísimo.»

«¿Cómo? ¿En qué sentido?»

«Bueno, ahora me concentro mejor en lo que hago, aprendo más de las situaciones y puedo planificar mejor. Me esfuerzo en realizar lo más importante sin demorar demasiado.»

«¿Aprendiste todo eso de la historia?»

Liz estaba sorprendida.

«Eso es lo que yo aprendí. Cada individuo obtiene cosas distintas del Presente, dependiendo de la situación laboral o personal en que se encuentre. Por supuesto, hay algunos que no obtienen ninguna enseñanza. Es una parábola práctica, por lo que su valor no reside en la historia que cuenta sino en lo que aprendes de ella.»

«¿Puedes contármela?», preguntó Liz.

Bill tomó un sorbo de agua y dijo lentamente:

«No lo sé, Liz. Pareces ser muy escéptica y éste es el tipo de historia que podrías rechazar sin más.»

Liz bajó la guardia. Confesó que tenía muchas presiones en el trabajo y en su vida personal, y que había acudido a la cita con la esperanza de recibir ayuda.

Bill recordó haberse sentido así.

«En verdad quiero oír esa historia», dijo Liz.

A Bill siempre le había agradado Liz y la respetaba, así que le dijo:

«Te la contaré con mucho gusto, pero te advierto: lo que obtengas de ella y el uso que le des dependen de ti.»

Liz estuvo de acuerdo y Bill continuó:

«Cuando la escuché me di cuenta de que entrañaba mucho más de lo que había anticipado. Tomé notas durante todo el relato para recordar las ideas que trataría de utilizar más tarde.»

Liz se preguntó qué podría encontrar ella de utilidad. Tomó una libreta y dijo:

«Estoy lista… te escucho.»

Bill comenzó a relatar *El Presente*.

La historia del Presente

Hubo una vez un niño que solía escuchar a un sabio anciano, y así empezó a aprender sobre El Presente.

El anciano y el niño se conocían desde hacía más de un año y les gustaba conversar.

Un día el anciano dijo:

«Se llama El Presente porque de todos los regalos que puedas recibir, éste es el más valioso.»

«¿Por qué es tan valioso?», preguntó el niño.

El anciano explicó:

«Porque cuando lo recibes te vuelves más feliz, capaz de hacer todo lo que quieres.»

«¡Vaya!», exclamó el niño, aunque sin entender del todo. «Espero que alguien me regale El Presente algún día, tal vez en mi cumpleaños.»

Entonces el niño se fue a jugar.

El anciano sonrió y se preguntó cuánto tiempo pasaría antes de que el chiquillo descubriera el valor del Presente.

El anciano disfrutaba viéndolo jugar en el vecindario. Con frecuencia observaba una sonrisa en su rostro y lo escuchaba reír mientras se balanceaba en un árbol.

El niño era feliz y estaba completamente inmerso en lo que hacía. Era una dicha contemplarlo.

Cuando el niño creció, el anciano notó la forma en que aquél trabajaba. Los domingos por la mañana observaba a su joven amigo cortar el pasto al otro lado de la calle. Silbaba mientras trabajaba. Parecía ser feliz sin importar lo que hiciera.

Una mañana, el niño vio al anciano y recordó lo que le había dicho sobre El Presente.

El niño sabía todo sobre regalos, como la bicicleta que recibió en su más reciente cumpleaños y los que encontraba bajo el árbol en Navidad.

Sin embargo, al reflexionar se dio cuenta de que la dicha que le proporcionaban esos obsequios no duraba mucho.

«¿Por qué es tan especial El Presente?», se preguntó. «¿Por qué es mucho mejor que cualquier otro regalo? ¿Qué puede hacerme más feliz y mejor para hacer las cosas?»

Ávido de respuestas, el niño cruzó la calle y le formuló al anciano una pregunta propia de un niño:

«¿El Presente es como una varita mágica que puede hacer realidad todos mis deseos?»

«No», contestó riendo el anciano. «El Presente no tiene que ver con la magia ni con los deseos.»

Sin comprender bien la respuesta y todavía pensando en El Presente, el niño volvió a trabajar en el jardín.

El niño creció y siguió preguntándose sobre El Presente. Si no tiene que ver con deseos, ¿podría ser como ir a algún lugar especial?

¿Significaba viajar a una tierra extraña en la que todo es distinto: las personas, la ropa, el idioma, las casas o el dinero? ¿Cómo se llegaría ahí?

El niño fue con el anciano y le preguntó:

«¿El Presente es una máquina del tiempo con la que puedo ir a donde quiera?»

«No», respondió el anciano. «Cuando recibas El Presente dejarás de pasar el tiempo soñando con ir a otro lugar.»

EL TIEMPO pasó y el niño se hizo adolescente. Cada vez se sentía más descontento; creía que iba a ser más feliz cuando creciera, pero siempre parecía querer más: más amigos, más cosas, más emociones.

Soñaba impaciente con lo que le esperaba en la vida. Sus pensamientos regresaron a sus conversaciones con el anciano y se dio cuenta de que cada vez pensaba más en la promesa del Presente.

De nuevo fue con el anciano y le preguntó:

«¿El Presente es algo que me hará rico?»

«Sí, en cierto modo», contestó el anciano. «El Presente puede darte muchos tipos de riqueza, pero su valor no sólo se mide en oro o dinero.»

«Ser más exitoso significa progresar hacia lo que es importante para ti», contestó el anciano.

«¿De manera que yo decido qué es el éxito?», preguntó el adolescente.

«Sí, todos lo hacemos», dijo el anciano. «Y podemos cambiar nuestro concepto del éxito de acuerdo con las etapas de la vida en que nos encontremos.»

«En tu caso, ahora, el éxito puede consistir en tener una buena relación con tus padres, obtener mejores calificaciones en la escuela, mejorar en los deportes o conseguir un trabajo de medio tiempo después de la escuela —y luego obtener un aumento por tu buen desempeño.»

«Más tarde, el éxito puede significar simplemente un mayor disfrute de la vida, o tener una sensación de paz y plenitud contigo mismo, sin importar cualquier otra cosa, lo que constituye un tipo de éxito muy especial.»

«¿Qué significa para usted?», cuestionó el adolescente.

El anciano rió:

«En esta etapa de mi vida, significa reír con más frecuencia, amar con mayor intensidad y ser más útil.»

«¿Y dice usted que El Presente le ayuda a lograr todo esto?», repuso el adolescente.

«¡Por supuesto!», exclamó el anciano.

«Pues a mí nadie me ha dado un regalo así. De hecho, jamás he escuchado que otras personas se refieran a un Presente como ése. Comienzo a pensar que no existe.»

El anciano respondió:

«Oh, sí existe, pero me parece que aún no comprendes bien el asunto.»

Tú ya sabes qué es El Presente.

Ya sabes dónde encontrarlo.

*Y sabes cómo puede hacerte
más feliz y exitoso.*

Lo sabías con certeza cuando eras más joven.

Simplemente, lo olvidaste.

El anciano preguntó:

«Cuando eras niño y cortabas el pasto, ¿lo pasabas bien o mal?»

«Bien», contestó el adolescente.

«¿Qué hacía que lo pasaras bien?»

El adolescente reflexionó un momento y dijo:

«Me gustaba lo que hacía. Mi trabajo era tan bueno que los vecinos también me pedían que cortara el césped. De hecho, ganaba bastante dinero para un niño de mi edad.»

«¿Y en qué pensabas mientras trabajabas?», preguntó el anciano.

«Cuando cortaba el pasto pensaba sólo en eso, en cómo segar en las zonas difíciles y alrededor de los obstáculos; pensaba en todos los jardines que podía arreglar en una tarde y en lo bien que trabajaba, pero básicamente me concentraba en cortar el pasto que tenía frente a mí.»

El tono de su voz sugería que estas respuestas le resultaban obvias.

El anciano se inclinó hacia él y dijo lentamente:

«Exacto. Ésa es la razón por la que eras más feliz y más exitoso.»

Por desgracia, el adolescente no reflexionó mucho acerca de lo que acababa de escuchar. Sólo se mostró más impaciente.

«Si quieres que sea más feliz», dijo al anciano, «¿por qué no me dices simplemente qué es El Presente?»

«¿Y dónde encontrarlo?» añadió el anciano.

«Sí», demandó el adolescente.

«Me gustaría, pero no tengo el poder para hacerlo. Nadie puede encontrar El Presente de otra persona. El Presente es un regalo que te haces a ti mismo; sólo tú tienes el poder para descubrirlo», explicó el anciano.

Decepcionado por la respuesta, el adolescente se fue.

Cuando el muchacho se convirtió en un adulto joven decidió encontrar El Presente por sí mismo.

Leyó revistas, periódicos y libros; habló con amigos y familiares; buscó en Internet; incluso viajó por todas partes buscando una respuesta en cada persona que encontraba. Sin embargo, por más que se esforzó, no encontró a nadie que pudiera decirle qué era El Presente.

Con el tiempo, se sintió tan cansado y frustrado que simplemente renunció a la búsqueda.

Finalmente el joven entró a trabajar en una empresa local. Quienes lo rodeaban consideraban que su desempeño era bueno, pero él sentía que le faltaba algo.

Mientras estaba en la oficina pensaba en dónde preferiría trabajar o en lo que haría al llegar a casa.

Su mente divagaba durante las juntas y cuando conversaba con sus amigos también se distraía. En la comida sucedía lo mismo, ni siquiera percibía el sabor de los alimentos.

En el trabajo cumplía con sus obligaciones, pero sabía que podía desempeñarse mejor, que no estaba dando todo de sí y pensaba que no valía la pena lo que hacía.

LUEGO DE un tiempo, el joven se dio cuenta de que no era feliz. Trabajaba duro y cumplía sus obligaciones. Normalmente llegaba a tiempo y creía que actuaba a su máxima capacidad.

Esperaba que lo promovieran. Quizás eso lo haría más feliz.

Un día se enteró de que no lo habían considerado para un ascenso que pensaba que le correspondía.

El joven se molestó. No entendía por qué lo habían ignorado para la promoción. Se esforzó por no manifestar su ira en el trabajo, pero no pudo controlarla y el sentimiento empezó a consumirlo.

Conforme creció su ira, la calidad de su trabajo disminuyó.

Ante quienes lo rodeaban aparentaba que el ascenso no le importaba, pero en el fondo empezó a albergar dudas sobre sí mismo: «¿Tengo lo necesario para lograr el éxito?»

La vida personal del joven no era mucho mejor. No había podido superar la ruptura de su noviazgo y se preguntaba si encontraría el amor verdadero o si llegaría a formar una familia.

Pronto empezó a inquietarse. Su vida parecía una serie de cabos sueltos, proyectos inconclusos, una sucesión de metas y sueños inalcanzables.

Sabía que no estaba a la altura de su promisoria juventud.

Cada día volvía del trabajo un poco más cansado y desilusionado. Nunca se sentía satisfecho con lo realizado, pero no sabía qué hacer.

Pensaba en su juventud, en los días en que la vida parecía sencilla; pensaba en las palabras del anciano y en la promesa del Presente.

Sabía que no era tan feliz ni tan exitoso como habría querido ser.

Tal vez no debió abandonar su búsqueda del Presente.

Había pasado mucho tiempo desde la última vez que habló con el anciano. Se sentía avergonzado de lo mal que le iba y se resistía a volver para pedir ayuda.

Finalmente llegó a sentirse tan descontento con su trabajo y con su vida que supo que debía hablar con el anciano.

AL ANCIANO le dio gusto verlo. De inmediato percibió el desgano y la desdicha del joven; preocupado, le pidió que le dijera qué sucedía

El joven le habló sobre sus intentos fallidos por encontrar El Presente y sobre cómo había renunciado a su búsqueda. También le contó los problemas que lo agobiaban en ese momento.

Para su sorpresa, las cosas no parecían tan graves en presencia del anciano.

El joven y el anciano pasaron momentos maravillosos hablando y riendo.

El joven se dio cuenta de cuánto disfrutaba estar con el anciano; se sentía más feliz y vigoroso en su presencia.

Se preguntaba por qué el anciano parecía más vivaz que las demás personas que conocía. ¿Qué lo hacía tan especial?

«Me siento muy bien cuando estoy contigo», dijo el joven. «¿Tiene algo que ver con El Presente?»

«Todo tiene que ver con él», respondió el anciano.

«Desearía encontrar El Presente. Y encontrarlo el día de hoy no estaría nada mal.»

El anciano rió y dijo:

«Para encontrar El Presente piensa en los momentos en que fuiste más feliz y exitoso. Tú ya sabes dónde encontrar El Presente, sólo que no eres consciente de ello. Cuando dejes de esforzarte te será más fácil descubrirlo. De hecho, será obvio.»

Finalmente, el anciano sugirió:

«¿Por qué no dejas un tiempo tu rutina y permites que la respuesta llegue a ti por sí sola?»

Siguiendo el consejo del anciano, el joven fue a pasar un tiempo en las montañas, en la cabaña que un amigo le ofreció.

En la soledad del bosque, el tiempo parecía correr más lentamente y la vida tomó un nuevo cariz. El joven emprendía largas caminatas y reflexionaba sobre su vida: «¿Por qué mi vida no es como la del anciano?»

Aunque el anciano era modesto, el joven sabía que había sido muy exitoso.

Empezó en los puestos más bajos de una empresa muy respetada y llegó hasta la cima. También ayudó a su comunidad de muchas maneras.

El anciano tenía una familia sólida y afectuosa, y muchos amigos fieles que lo visitaban con frecuencia. Poseía un magnífico sentido del humor y una sabiduría que los demás disfrutaban y respetaban.

Sobre todas las cosas, mostraba una tranquilidad que el joven rara vez había experimentado.

«Y tiene la energía de alguien con la mitad de su edad», pensó sonriendo.

El anciano era, sin lugar a dudas, la persona más feliz y exitosa que conocía. ¿Qué era aquel Presente que le daba al anciano tantas virtudes?

Mientras el joven recorría kilómetros y kilómetros alrededor del lago, reflexionaba sobre lo que sabía del Presente: *es un regalo que uno se da a sí mismo; lo sabía con certeza cuando era más joven; simplemente lo había olvidado.*

No obstante, su mente volvía a sus fracasos. Recordaba el lugar exacto donde estaba cuando se enteró de que no había obtenido el codiciado ascenso. Era como si hubiese sucedido ayer. Todavía estaba molesto.

Mientras más pensaba en ello, más lo mortificaba la idea de volver al trabajo.

Entonces, cayó en la cuenta de que había oscurecido y regresó apresuradamente a la cabaña.

Una vez dentro, encendió la chimenea para protegerse del frío y vio algo que antes no había notado.

Al mirar el fuego admiró por vez primera la magnífica chimenea de la cabaña.

Estaba hecha de piedras grandes y pequeñas unidas por una mínima cantidad de cemento. Alguien las había elegido, cincelado y colocado primorosamente.

Ahora que era consciente de eso, podía apreciar y disfrutar lo que había estado frente a él todo el tiempo.

Quienquiera que hubiera construido la chimenea era más que un albañil: era un artista.

Cuando el joven reparó en la extraordinaria construcción de la chimenea, pensó en cómo se habría sentido el albañil mientras trabajaba.

Debió de estar completamente absorto en su actividad. Era obvio que no se había distraído con frecuencia. Por lo tanto, su trabajo era excepcional.

Era improbable que hubiera pensado en un antiguo amor o en la cena de esa noche; sus pensamientos seguramente no se desviaron hacia lo que haría una vez que terminara o lo que preferiría hacer en ese momento.

Gracias a la construcción, una obra de arte, el joven adivinaba que el albañil había tenido éxito. Se había concentrado exclusivamente en la actividad que realizaba.

¿Qué había dicho el anciano? «Para encontrar El Presente piensa en los momentos en que fuiste más feliz y más exitoso.»

El joven rememoró la conversación acerca de la manera como cortaba el pasto cuando niño; recordó lo mucho que se concentraba en cortarlo sin permitir distracción alguna.

«Cuando estás totalmente inmerso en lo que haces, tu mente no divaga y eres más feliz»,

había dicho el anciano. «*Estás absorto sólo en lo que sucede en ese momento.*»

El joven advirtió que no se había sentido así en mucho tiempo, ni en el trabajo ni en otra parte.

Pasaba mucho tiempo molesto por el pasado o preocupado por el futuro.

El joven recorrió con la vista el interior de la cabaña. Miró el fuego otra vez. En ese momento no pensaba en el pasado ni estaba ansioso por lo que pudiera ocurrir en el futuro.

Simplemente apreciaba el lugar donde estaba y lo que hacía.

Entonces sonrió. Se dio cuenta de que se sentía bien.

Simplemente estaba disfrutando lo que hacía; disfrutaba estar en el momento presente.

Súbitamente cayó en la cuenta. ¡Por supuesto!

Ya sabía qué era El Presente, qué había sido siempre y qué era ahora:

El Presente no es el pasado ni el futuro.

El Presente es ¡el momento presente!

El Presente es ¡ahora!

El joven no pudo reprimir una sonrisa. ¡Era tan obvio! Respiró profundamente y se relajó. Miró la cabaña y la apreció de manera distinta.

Salió y observó la silueta de los árboles contra el cielo nocturno, la nieve sobre las montañas distantes.

Vio el temprano reflejo de la luna en el lago y escuchó el canto nocturno de las aves.

En ese momento advirtió muchas cosas que habían estado frente a él todo el tiempo pero que antes no había visto o percibido.

Se sentía más tranquilo y más feliz de lo que había estado en mucho tiempo. No se consideraba un fracasado. Mientras más pensaba en El Presente, más cobraba sentido.

Estar en El Presente significa concentrarse en lo que está ocurriendo precisamente ahora y valorar los regalos que recibimos cada día.

Se percató de que, cuando estaba en El Presente, era más consciente y se concentraba mejor en lo que hacía. En esos momentos era como el artista albañil que había construido la espléndida chimenea.

Ahora comprendía lo que el anciano trató de decirle desde que era niño.

Cuando estás en El Presente, te sientes más feliz y eres más exitoso.

A la mañana siguiente, el joven despertó renovado. Apenas podía esperar para contarle al anciano su descubrimiento.

Mientras se vestía, le sorprendió la energía que lo inundaba.

Recordó cómo se había sentido la noche anterior. Había hecho su descubrimiento al concentrarse en el lugar en el que se *hallaba* y en lo que estaba *haciendo*. No pensaba en nada más.

Estaba contento por haber ido a pensar a las montañas y la soledad había sido muy provechosa.

Se recordó que en ese momento debía estar en El Presente. Respiró profundamente y recuperó la sensación de tranquilidad.

Es sorprendente cuán sencillo es y qué rápido funciona, pensó.

Entonces arrugó la frente y se preguntó:

«¿Es posible que sea tan simple? Después de todo, la vida es complicada, ¿no? En el trabajo las cosas parecen complicadas. ¿Es suficiente estar en El Presente para ser más felices y más exitosos?» Tenía que admitir que a él le estaba funcionando por el momento.

Sin embargo, mientras se preparaba para partir, surgieron nuevas preguntas. ¿Cómo funciona El Presente cuando nuestras circunstancias no son tan agradables como estar en una magnífica cabaña en la montaña? Una cosa es una situación buena y otra una situación mala.

¿Y cuál es la importancia, si es que la tienen, del Pasado y el Futuro?

Mientras se dirigía a la casa del anciano, el joven descubrió que tenía muchas preguntas que hacerle.

Ser

CUANDO EL anciano vio al joven acercarse con una amplia sonrisa y la mirada despejada, gritó: «¡Te ves como si hubieras encontrado El Presente!»

«¡Lo hice!», exclamó el joven.

El anciano sonrió satisfecho; sabía que el joven hallaría su camino. Ambos disfrutaron el momento.

Entonces, el anciano dijo:

«Dime cómo sucedió.»

«Bueno, en cierto momento me sentí más feliz y me di cuenta de que no estaba pensando en lo que me había ocurrido en el Pasado, ni estaba ansioso por lo que pudiera suceder en el Futuro. De pronto advertí lo evidente: El Presente, el regalo que uno se da a sí mismo, es precisamente eso: el momento presente. Ahora comprendo que estar en El Presente significa concentrarse en lo que sucede exactamente ahora.»

El anciano dijo:

«Eso es cierto en dos sentidos.»

El joven no escuchó, y siguió hablando:

«Yo estaba en una situación buena cuando encontré El Presente. Estaba en la cabaña de mi amigo en las montañas.»

Luego dijo con vacilación:

«Me preguntaba qué provecho tiene estar en El Presente cuando nos encontramos en una mala situación.»

El anciano respondió con una pregunta:

«Cuando hallaste El Presente, ¿pensabas en las cosas buenas o en las malas de ese momento?»

«En las *buenas*, a pesar de que algunas otras no lo eran tanto. Yo sabía que estaba en un lugar hermoso disfrutando la tranquilidad.»

«Considera esto:

Aun en las situaciones más difíciles

*concentrarnos en lo que está bien en el
momento presente nos hace más felices*

*y nos da la energía y confianza necesarias
para enfrentar lo que está mal hoy.*

Estas palabras sorprendieron al joven.

«Entonces, estar en El Presente significa concentrarse en lo que es en *este* instante.»

El joven continuó:

«Y también concentrarse en lo que está bien en *este* momento.»

«Correcto», dijo el anciano.

«Eso tiene sentido. Cuando estoy en una situación mala, normalmente me concentro en lo que está mal y eso me deprime y desalienta.»

«Muchas personas hacen eso», dijo el anciano. «En realidad, casi todas las situaciones son una combinación de lo bueno y lo malo. Todo depende de cómo las veas. Mientras más te concentras en lo malo, menos energía y confianza tienes. Por eso es importante que en las situaciones 'malas' busques lo bueno, aunque sea difícil. Aprécialo y avanza a partir de ahí. Mientras más aprecias lo que está bien en el momento, más feliz eres. Te vuelves una persona más relajada y se te facilita permanecer en El Presente.»

«¿Y si El Presente es muy doloroso, como cuando perdemos a un ser querido?», preguntó el joven.

«El dolor», replicó el anciano «es la diferencia entre lo que es y lo que quieres que sea. El dolor en El Presente, como todo lo demás, cambia constantemente; viene y va. Cuando permaneces totalmente en El Presente y has padecido el dolor y te sientes desgastado por él, puedes empezar a buscar lo que está bien y capitalizarlo.»

El joven empezó a tomar notas para recordar lo que estaba descubriendo y dijo:

«¿Por qué siento que lo que he aprendido hasta ahora es sólo la punta del iceberg y que hay mucho más bajo la superficie?»

«Porque apenas empiezas a percibir todo lo que está esperándote afuera. Y como encontraste El Presente por ti mismo y pareces ansioso por saber más, voy a compartir lo que sé.»

El joven dijo que se sentiría muy agradecido y el anciano continuó:

«Es importante experimentar situaciones dolorosas, aprender de ellas y no distraernos con otra cosa.»

*Estar en El Presente significa eliminar
las distracciones*

y prestar atención a lo que importa ahora.

*Tú creas tu propio presente ahora a través
del objeto de tu atención.*

El joven dijo:

«Entonces, aun en las situaciones difíciles debo ignorar las distracciones que me apartan del Presente.»

«Piensa en ejemplos de tu propia vida», dijo el anciano. «Hace un momento dijiste que tienes dificultades en el trabajo y con tu antigua relación sentimental. Pregúntate si en el trabajo te distraías frecuentemente o si prestabas total atención a lo que importaba en ese momento. Piensa en tu vida personal. ¿Qué tan presente estabas cuando convivías con tu novia? ¿Era ella lo suficientemente importante para ti como para que le dedicaras tu atención incondicional cuando estaban juntos? En las relaciones tienes que concentrarte en la totalidad de la persona; si eres consciente de sus características 'buenas' y 'malas', puedes manejar cualquier problema sin dejarte distraer. En vez de darte ejemplos sobre cómo utilizan otras personas El Presente para ser más felices y exitosas, es mejor que lo descubras por ti mismo en las siguientes semanas.»

«Antes de irme», dijo el joven, «¿puedo preguntarte sobre el Pasado y el Futuro?»

«Más adelante abordaremos ese importante tema. Por ahora, quedémonos en El Presente. Al permanecer en El Presente y concentrarte en lo que importa hoy, en este momento, descubrirás muchas otras maravillas.»

El joven confiaba en que el anciano era más sabio que él, de modo que dejó de preocuparse por el Pasado y el Futuro. Tan pronto como lo hizo, se sintió mejor.

El joven sonrió. Estaba seguro de que enfrentar el hoy era más simple y fácil. Se sentía más calmado y con mayor confianza.

Sabía que si lograba estar en El Presente sólo durante ese día, podría repetir el hecho en los días venideros.

Antes de irse, el joven escribió un resumen de lo que había descubierto hasta entonces sobre estar en El Presente:

Concéntrate en lo que está ocurriendo en el momento.

Aprecia lo bueno de la situación y trata de capitalizarlo.

Presta atención a lo que importa ahora.

El joven agradeció al anciano y dijo que estaba listo para regresar al trabajo y aplicar lo que había descubierto.

Sabía que eso significaba tomar conciencia de lo bueno y lo malo de una situación presente y que con eso vencería los obstáculos que le impedían tener mayor éxito.

A LA SEMANA siguiente, en el trabajo, el joven revisó las notas que había tomado en sus conversaciones con el anciano.

Luego se sentó a terminar una labor que tenía planeada desde hacía algún tiempo y que pospuso porque pensaba que era muy difícil reunir toda la información necesaria.

Entonces se propuso aplicar lo aprendido.

Dedicó unos instantes a estar en El Presente. Respiró profundo, miró alrededor y apreció lo que era en ese momento.

Se dio cuenta de que, aunque no lo habían ascendido, al menos conservaba su empleo. El ambiente de trabajo era agradable, tranquilo y organizado.

Asimismo, podía realizar su trabajo de manera tal que fuera reconocido.

Comprendió que era muy fácil olvidarse de disfrutar lo que tenía en ese momento.

Luego se concentró en lo que era importante. Sabía que necesitaba avanzar en un proyecto específico y luego acumular energía y confianza para la siguiente tarea.

Empezó a resolver los problemas, uno a la vez. Encontró algunos escollos, pero en vez de distraerse y acometer otra actividad, permaneció en El Presente.

Se concentró exclusivamente en lo que debía hacer en el momento y siguió adelante.

Para su sorpresa, terminó en un par de horas. Aunque era un proyecto menor, se sintió satisfecho por haber realizado un trabajo minucioso.

«Hace mucho que no me sentía tan bien en el trabajo», pensó. «Permanecer en El Presente realmente me está funcionando.»

Durante las semanas que siguieron el joven se sumergió en su trabajo con intensidad, mostrando una concentración que sus compañeros pocas veces habían visto.

Antes de poner en práctica lo que había aprendido sobre El Presente, el joven solía soñar despierto en las juntas sobre los ascensos que deseaba.

Ahora sabía que era importante estar presente para realizar un buen trabajo *ese día*.

Tenía claro que no sería capaz de permanecer en El Presente durante cada momento de su vida, pero podía hacerlo durante *ese día*, y luego hacerlo de nuevo. Y así lo hizo: un día a la vez, lo que le brindaba un poco más de felicidad y éxito cada jornada.

Ahora, cuando los demás hablaban, ignoraba lo que había estado pensando y se concentraba en lo que decían. Hizo un esfuerzo por participar, desafiándose a proponer por lo menos una idea nueva.

Sus clientes y colegas pronto notaron el cambio. Su antiguo aire distraído se convirtió en un interés genuino en las necesidades de sus compañeros y en lo que podía hacer para ayudarlos y ayudar a la empresa.

En su vida personal, sus amigos también notaron el cambio. Escuchaba con más atención lo que decían, tal como el anciano lo había hecho con él.

Al principio, tuvo que esforzarse mucho para concentrarse en El Presente y no dejarse llevar hacia las lamentaciones por el Pasado o las preocupaciones por el Futuro. Sin embargo, con la práctica le fue cada vez más fácil permanecer en El Presente.

Como resultado de este nuevo enfoque, su trabajo y su vida mejoraron.

Su ímpetu y compromiso renovados llamaron la atención de su jefe y también la de sus amigos.

El joven se daba cuenta de que era más probable que lo promovieran si trabajaba mejor y se hacía digno de una recompensa. El resentimiento hacia su jefe comenzó a menguar, al menos en algunas ocasiones.

Quizá lo más importante fue que encontró a una maravillosa joven con la que empezó a entablar una fantástica relación.

Todo parecía mejorar. El joven se sentía más vivo y más dueño de su vida, así como más confiado, fuerte y productivo.

Valoraba lo que tenía, prestaba atención a lo importante y, sobre todas las cosas, lo *disfrutaba*.

Ahora entendía por qué el anciano decía que El Presente era el mejor regalo que uno puede darse.

No obstante, justo cuando pensaba que sabía cómo estar en El Presente, surgió otro problema.

La dificultad empezó cuando tuvo que hacer un trabajo para su jefe con otra persona. Su compañero no se esforzaba y proponía pocas ideas. En vez de hablar con él para pedirle su colaboración o contarle a su jefe sobre el problema, el joven se hizo cargo del trabajo solo.

No pasó mucho tiempo antes de que se retrasara, y no pudo cumplir con la fecha límite.

Aquél era un trabajo importante y su jefe se mostró decepcionado.

El joven pensó que había fracasado. La confianza en sus nuevas habilidades empezó a desvanecerse.

¿Qué había fallado? Pensaba que había estado totalmente absorto en el momento presente.

Abatido, se sentó frente a su escritorio con los hombros caídos, cabizbajo. Estaba agotado.

Se preguntó qué haría el anciano en esa situación.

Con muchas dudas, el joven regresó a hablar con él.

Aprender

E<small>L</small> <small>ANCIANO</small> lo saludó calurosamente: «Te he estado esperando.»

El joven comenzó:

«Dijiste que estar en El Presente me haría más feliz y exitoso en lo que hiciera. Me esfuerzo en permanecer en El Presente y me doy cuenta del bien que me ha hecho, pero parece que no es suficiente.»

«No me sorprende», dijo el anciano. «Para abrazar plenamente El Presente debes hacer más que sólo vivir en el momento presente, y esperaba que lo descubrieras por ti mismo.»

El anciano pidió al joven que le contara su problema y luego dijo:

«Reaccionaste a la falta de apoyo de la otra persona asumiendo toda la carga en lugar de enfrentar el problema. ¿No me dijiste que habías actuado de manera similar antes?»

«Sí», admitió el joven, «siempre he tenido aversión a los enfrentamientos. Mi jefe me dijo que por eso se me dificulta administrar y dirigir. Esto no sólo ocurre en el trabajo. Mi antigua novia decía que yo ignoraba nuestros problemas. Ese fue uno de los motivos por los que rompimos. Además, de vez en cuando pienso en el ascenso que no obtuve. No sé por qué me cuesta tanto trabajo dejar eso atrás.»

El anciano dijo:

«Quizás esto te ayude:

*Es difícil dejar atrás el Pasado
si no has aprendido de él.*

*Tan pronto como aprendas y lo dejes atrás,
El Presente mejorará.*

«Eso me gustó», dijo el joven. «Suena muy lógico. ¿Te molestaría si cambio de tema y te pregunto cómo sabes tanto?»

El anciano rió y dijo:

«Bueno, trabajé muchos años para una empresa muy interesante y escuché lo que las personas decían sobre su trabajo y sus vidas. Algunas tenían dificultades y a otras les iba bien, pero observé ciertas pautas de comportamiento.»

«¿Qué notaste en las que tenían dificultades?», preguntó el joven.

El anciano conocía la situación que el joven estaba atravesando.

«Es interesante que no preguntaras primero sobre las personas a las que les iba bien.»

«¡Ay!», exclamó el joven.

«Está bien. Tal vez quieras analizar por qué lo hiciste. Sé que tienes dificultades y, si quieres, podemos comenzar por ahí.»

«Muchas de las personas que tenían las dificultades más graves se preocupaban por los errores que habían cometido o por los que temían cometer. Algunas estaban enojadas por algo que les había sucedido en el Pasado.»

«Conozco ese sentimiento», comentó el joven.

«Las personas a las que les iba bien se concentraban en su trabajo siempre», prosiguió el anciano. «Cometían errores, como todos, pero aprendían de ellos, los dejaban atrás y seguían con su vida. Y no hablaban tanto sobre lo que estaba mal. Me parece que en vez de aprender de tu Pasado prefieres ignorarlo. Muchas personas evitan mirar el Pasado porque no quieren que las perturbe. Dicen cosas como: 'Mis experiencias me trajeron adonde estoy.' No se preguntan dónde estarían si hubieran analizado sus experiencias y aprendido de las cosas que no salieron bien. Como resultado, aprenden poco o nada.»

«Entonces, al igual que yo, siguen cometiendo los mismos errores», dijo el joven. «En esas áreas, su Presente es igual a su Pasado.

«Bien dicho», respondió el anciano. «Cuando no utilizas tus sentimientos sobre el Pasado para aprender de tus experiencias, pierdes la alegría del Presente. Una vez que has aprendido del Pasado, es más fácil disfrutar del Presente. Aunque es cierto que no debemos vivir en el Pasado —pues entonces no viviríamos en El Presente—, es importante utilizarlo para aprender de nuestros errores y, si nos fue bien en el Pasado, analizar por qué y capitalizar nuestros éxitos.»

El joven estaba confundido y preguntó:

«¿Cuándo hay que estar en El Presente y cuándo debemos aprender del Pasado?»

«Buena pregunta», contestó el anciano.

«Tal vez esto te ayude:

*Siempre que te sientas desdichado
o abatido en El Presente*

*es momento de aprender del Pasado
o planear para el Futuro.*

«Sólo hay dos cosas que pueden impedirte el goce del Presente: tus pensamientos negativos sobre el Pasado o el Futuro. Conviene que consideres primero lo que piensas sobre el Pasado y más tarde hablaremos del Futuro.»

«Entonces, cada vez que siento que algo interfiere con mi goce del Presente y mi bienestar, debo analizar el Pasado y aprender de él.»

«Correcto», confirmó el anciano. «El mejor momento para aprender es cuando quieres que El Presente sea mejor que el Pasado. Cuando te sientes molesto o tienes pensamientos negativos respecto del Pasado que interfieren con El Presente, debes darte un tiempo para examinar aquél y aprender.»

«¿Por qué el mejor momento para aprender es cuando siento algo negativo?»

«Porque puedes aprender de tus sentimientos.»

«¿Y qué debo hacer para aprender?»

«La mejor manera que conozco es que te formules tres preguntas y las respondas de la forma más honesta y realista que puedas:

¿Qué ocurrió en el Pasado?

¿Qué aprendí de ello?

¿Qué puedo hacer diferente ahora?»

«En otras palabras», dijo el joven, «debo recordar un error que cometí y pensar cómo evitarlo ahora.»

«Sí, pero no seas demasiado duro contigo. Recuerda que hiciste lo mejor que podías en ese momento; ahora que sabes más puedes actuar mejor.»

«Entonces, cuando nos conducimos de la misma forma obtenemos los mismos resultados y si actuamos diferente, logramos distintos resultados.»

«En efecto», asintió el anciano. «Lo mejor de todo es que mientras más aprendas del Pasado, menos remordimientos y más tiempo tendrás en El Presente.»

Cuando se despidió, el joven había tomado muchas notas más.

Considera lo que sucedió en el Pasado.

Aprende algo valioso de ello.

Utiliza lo que aprendiste para mejorar El Presente.

*No puedes cambiar el Pasado pero sí
aprender de él.*

*Cuando enfrentes una situación parecida,
puedes actuar de otra manera y disfrutar un
presente más feliz y más exitoso.*

A LA MAÑANA siguiente, camino al trabajo, el joven reflexionó sobre lo que había dicho el anciano.

Ese día se esforzó en permanecer totalmente concentrado en el momento presente y buscó oportunidades para aprender del Pasado.

Cuando el mismo compañero evadió sus responsabilidades, el joven le manifestó su preocupación.

Al principio esa persona se molestó y rechazó los reclamos del joven, pero cuando concluyeron la reunión se sintió feliz de que hubiera sido honesto con él. Comprendió la necesidad de terminar adecuadamente el trabajo y dijo que estaba ansioso por hacerlo.

El joven se sintió satisfecho por haber aprendido de su experiencia pasada y por haber actuado de modo diferente.

En las siguientes semanas capitalizó lo que había aprendido y se volvió más eficiente en el trabajo.

Sus relaciones con sus compañeros también mejoraron; como resultado, su jefe le encomendó más responsabilidades y lo ascendió.

En su vida personal, la relación con la mujer con la que cada vez pasaba más tiempo siguió creciendo hasta convertirse en algo muy importante para ambos.

Durante algún tiempo siguió progresando.

Sin embargo, debido a las mayores exigencias de tiempo que el nuevo puesto implicaba, cada vez le era más difícil lograr un equilibrio en sus actividades.

El joven frecuentemente respiraba hondo y se concentraba en el momento presente. Esto era de gran ayuda.

Pero cada mañana tenía más y más trabajo.

No había establecido un horario cotidiano ni sabía por dónde empezar. Pasaba de un proyecto a otro, dedicaba demasiado tiempo a cosas irrelevantes y descuidaba otras más urgentes.

Al cabo de un tiempo perdió el control de la situación. Cuando su jefe se lo hizo notar el joven no pudo sino alzar los brazos en señal de impotencia ante el mucho trabajo y el poco tiempo para realizarlo. Su jefe empezó a preguntarse si la promoción del joven había sido acertada.

Desalentado e inseguro acerca de lo que debía hacer, el joven volvió con el anciano.

Planear

«¿Cómo estás?», preguntó el anciano.

El joven rió nervioso y dijo:

«A veces bien y otras no tanto.»

Entonces le contó sus problemas.

«No comprendo», dijo el joven. «He estado totalmente inmerso en El Presente; todos comentan mi capacidad para concentrarme intensamente en lo que hago; me he esforzado en aprender del Pasado sin distraerme con remordimientos; utilizo lo que he asimilado y me desempeño mejor.»

«Pero no puedo con todo. Quizás el puesto es demasiado para mí.»

El anciano negó con la cabeza.

«En este momento tal vez lo sea, pero no te das cuenta de que existe un último elemento del Presente que no has descubierto aún.»

«Sí, estás aprendiendo del Pasado y utilizas esas lecciones para mejorar El Presente. Observo que al vivir completamente en El Presente aprecias más el mundo que te rodea y eres más eficiente en él. Estás haciendo grandes progresos. Sin embargo, lo que no has comprendido es la importancia del tercer elemento: el Futuro.»

«Pero cuando vivo demasiado en el Futuro me siento angustiado», dijo el joven. «Sé que cuando pienso en la casa que quiero comprar, en los ascensos que espero recibir o en la familia que deseo formar, no estoy viviendo en El Presente. Además, me siento perdido.»

El anciano dijo:

«Aunque no es conveniente estar en el Futuro, pues nos perdemos en la preocupación y la ansiedad, es importante planear para el Futuro. Aparte de tener buena suerte, la única forma de hacer que el Futuro sea mejor que El Presente es planearlo. Además, la 'buena suerte' suele acabarse. Esto ocasiona complicaciones más graves y muchos problemas por solucionar. No puedes depender de la buena suerte. El planeamiento para el Futuro reduce el miedo y la incertidumbre porque estamos trabajando en nuestro éxito futuro. Sabemos qué hacemos y por qué lo hacemos.»

«¿Qué relación hay entre planear para el Futuro y estar en El Presente?»

El anciano respondió:

«Cuando estás preparado para el Futuro puedes disfrutar con más tranquilidad El Presente. Al planear nos liberamos de la constante preocupación sobre qué hacer cada día; es un mapa que nos permite concentrarnos en lo que necesitamos hacer en El Presente para producir el Futuro que queremos.»

«Entonces, si planeamos el Futuro podemos permanecer más plenamente en El Presente.»

«Sí. Puedes pensarlo de esta manera:

Nadie puede predecir ni controlar el Futuro.

Sin embargo, mientras más planees en función de lo que quieres,

menos angustiado estarás en El Presente

y mayor certeza tendrás sobre el Futuro.

El anciano continuó:

«La falta de planeamiento, tanto en el trabajo como en la vida personal, es la causa más común por la que no alcanzamos nuestros sueños y metas.»

«Entonces, ¿cuándo debo planear para el Futuro?»

«Siempre que quieras que el Futuro sea mejor que El Presente.»

«¿Y cuál es la mejor forma de hacerlo?», dijo el joven.

«Planteándote estas tres preguntas:

¿Cómo sería un futuro maravilloso?

¿Qué planes tengo para lograrlo?

¿Qué estoy haciendo hoy para lograrlo?»

«Mientras más nítida y realista sea la imagen que quieres del Futuro», continuó el anciano, «y mientras más confianza tengas en que puedes lograrlo, más sencillo te será elaborar un plan. Una vez que lo tengas debes revisarlo periódicamente a la luz de la información y las experiencias que vayas acumulando. Así será más realista. Lo importante es hacer algo *hoy*, aunque parezca pequeño, para promover ese futuro maravilloso.»

El joven escribió:

*Desde hoy mismo, imagina cómo
sería un futuro maravilloso.*

Elabora un plan realista para conseguirlo.

Pon en marcha tu plan en El Presente.

Los ojos del joven se iluminaron:

«Tienes razón, es una buena idea. Cuando no planeo, no establezco objetivos en el trabajo o no preveo problemas, pierdo el rumbo. Entonces es más probable que dedique mucho más tiempo a cosas sin importancia y menos a las verdaderamente relevantes. Ahora comprendo por qué me siento tan abrumado. No me tomo un tiempo para hacer una planificación y luego llevarla a cabo.»

El anciano le sugirió:

«Puedes pensar que El Presente se compone de tres partes perfectamente equilibradas, como un trípode: vivir en El Presente, aprender del Pasado y planear para el Futuro. Si quitas un pie, el trípode se vendrá abajo; si se apoya en sus tres pies, funcionará a la perfección. Con nuestra vida y con el trabajo ocurre lo mismo. Pero si no estás en El Presente, no te darás cuenta de lo que está ocurriendo; si no has aprendido del Pasado, no puedes planear para el Futuro; y si no tienes plan para el Futuro, estás viajando a la deriva. Cuando logras equilibrar tu trabajo y tu vida sobre el trípode del Presente, el Pasado y el Futuro, todo es más claro y puedes manejar mejor cualquier situación.»

EL JOVEN volvió al trabajo reflexionando acerca de las palabras del anciano; estaba más emocionado y su seguridad era mayor.

Cada mañana planeaba el día con la certeza de que eso lo ayudaría a cumplir sus objetivos, pero mantenía cierta flexibilidad para afrontar las sorpresas de la jornada. Asimismo, establecía metas por semana y por mes.

Antes de las juntas revisaba lo que quería lograr.

Cuando le informaban de una fecha límite, elaboraba un horario en el que determinaba cuándo se realizaría cada tarea.

En su vida personal empezó a aplicar el mismo tipo de planificación. Anotaba los acontecimientos en su calendario y planeaba en consecuencia.

Acudía a las reuniones con sus amigos con tiempo de sobra y dejó de esperar hasta el último momento tanto en casa como en la oficina.

Al planear para el Futuro y utilizar esa planificación para mejorar El Presente, fue capaz de motivar a los demás e incrementó sus logros. Nunca se había sentido más feliz ni más dueño de su vida.

Con el tiempo, su jefe reconoció su productividad y lo ascendió de nuevo.

Tal vez lo más importante fue que el joven se comprometió con su pareja y empezaron a planear su futuro juntos.

El joven iba a trabajar todos los días utilizando lo que había aprendido para permanecer en El Presente, aprender del Pasado y planear para el Futuro.

Todo esto le estaba dando resultado. Era bueno en el trabajo, sus compañeros lo respetaban y confiaba en que podía manejar casi cualquier reto.

Cierto día, en el trabajo, el joven asistió a una junta en la que se habló del presupuesto. Él sabía que las ventas de los nuevos productos de la compañía iban en caída. Aunque había recesión económica, lo cierto era que algunos competidores estaban ofreciendo productos mejores a menor precio.

Por todo esto, no le sorprendió que los encargados de las finanzas sugirieran un recorte generalizado de presupuesto. Eso significaba que él y todos los demás perderían varios empleados y otros recursos importantes.

En la junta, el joven se concentró en lo que estaba ocurriendo. Alguien mencionó que los banqueros recomendaban prescindir del costoso Departamento de Investigación y Desarrollo, al menos durante un año. Eso les ahorraría mucho dinero. Varios de los asistentes consideraron que la propuesta era razonable.

Sin embargo, una mujer señaló que no estaban atacando el auténtico problema. Era exactamente lo que él estaba pensando.

El joven expresó su opinión: «Tal vez el verdadero problema es que nuestros nuevos productos no son tan buenos como los de la competencia. Quizás ahorremos al reducir los gastos en el Departamento de Investigación y Desarrollo, pero si no invertimos y no desarrollamos buenos productos para el futuro, la compañía estará en riesgo de quiebra en pocos años.»

Sus comentarios suscitaron una acalorada discusión en el grupo.

Esa misma semana, con el apoyo de su jefe, el joven elaboró un reporte sobre lo que los clientes esperaban de los nuevos productos.

Al proponer algunos posibles artículos novedosos, el joven describió cómo sería un futuro maravilloso para la empresa.

En los meses siguientes, varias personas pusieron manos a la obra para desarrollar los productos que los clientes querían.

Aunque no todas esas mercancías cumplieron las expectativas, una de ellas fue un gran éxito y la compañía floreció de nuevo.

El joven se alegró de haber aprendido a planear para el Futuro. Tanto él como la empresa se
beneficiaron.

AL PASAR los años, el joven se convirtió en un hombre.

Había seguido en contacto con el anciano, a quien le alegraba saber que el hombre era más feliz y más exitoso.

Sin embargo, un día ocurrió lo inevitable.

El anciano murió.

Su voz no volvería a escucharse.

El hombre estaba pasmado. No sabía cómo reaccionar.

Al funeral asistieron algunos de los hombres y mujeres más importantes de la ciudad, así como niños y niñas de las instituciones que el anciano auspiciaba.

Muchos se levantaron para relatar alguna anécdota maravillosa del anciano. Al parecer había ayudado a mucha gente.

Mientras el hombre escuchaba se dio cuenta de lo maravilloso que había sido el anciano. Había influido en la vida de muchísimas personas. Se preguntó:

«¿Qué puedo hacer para parecerme más al anciano y ayudar a los demás?»

En busca de respuestas, el hombre regresó al vecindario en el que había vivido muchos momentos felices en su infancia.

Sus padres se habían mudado años atrás y sólo había vuelto ahí para visitar al anciano.

La casa de éste estaba vacía y tenía un letrero que anunciaba su venta. Observó detenidamente el columpio en el que disfrutaba pasar las tardes.

Subió al cobertizo y se sentó cautelosamente en él, temeroso de que las viejas cadenas se reventaran. El único sonido que escuchaba mientras se acomodaba sobre las desgastadas tablillas de madera era el rechinido del columpio.

Entonces pensó en todo lo que había aprendido del anciano.

Ahora sabía permanecer en El Presente, concentrarse en lo que es en cada momento y prestar ahora atención a lo más importante. Todo esto le había sido muy útil.

Cuando se concentraba completamente en lo que hacía, era más feliz y ciertamente era un hombre más exitoso.

Utilizaba lo que había aprendido del Pasado para mejorar El Presente. Ya no repetía tantos errores.

Había descubierto que planear para el Futuro ayuda a mejorarlo, pero todavía sentía que necesitaba poner todo en perspectiva, en especial ahora que ya no contaba con el anciano.

El hombre cerró los ojos y se meció suavemente en el columpio, concentrándose sólo en El Presente. Se sintió tranquilo.

Paulatinamente empezó a sentir que el anciano estaba sentado junto a él en el cobertizo. Era como si estuviera ahí.

Casi podía escucharlo repetir sus muchas conversaciones. Una vez más apreció la sabiduría de sus palabras y el calor de su compasión.

El hombre se preguntó por qué el anciano había pasado tanto tiempo ayudándolo y ayudando a los demás a conocer El Presente.

El anciano tenía muchas cosas que hacer con su tiempo. ¿Por qué había decidido dedicarlo a compartir El Presente con otras personas y no a sus propias actividades?

El hombre continuó meciéndose con los ojos cerrados, concentrando su energía únicamente en esta pregunta. Poco a poco, quedamente, la respuesta empezó a surgir.

El anciano hacía esas cosas porque tenía un Propósito que rebasaba el provecho personal. Su Propósito —su motivación para levantarse cada mañana— era ayudar a los demás a ser más felices y exitosos.

Todo lo que el anciano hacía manifestaba este Propósito. Ya sea al enseñar sobre El Presente, al moderar una junta en el trabajo o al pasar tiempo libre con su familia, el anciano siempre actuaba con un Propósito.

Este Propósito articulaba el Pasado, El Presente y el Futuro, y daba significado a su trabajo y a su vida.

El hombre abrió los ojos. ¡Eso era! Ese era el hilo que unía todos los elementos. Sacó su libreta y escribió:

Vivir en El Presente, aprender del Pasado y planear para el Futuro no es todo.

Para que esto tenga sentido es necesario vivir y trabajar con un Propósito y responder a lo que importa del Presente, el Pasado y el Futuro.

El hombre se detuvo, leyó lo que había escrito y pensó en su significado.

Comprendió que para vivir con un Propósito no basta saber qué hacer sino por qué se hace.

Trabajar y vivir con un Propósito no supone necesariamente un plan de vida grandioso, sino un enfoque práctico para la vida cotidiana.

Significa levantarnos diariamente y considerar qué significado tendrá ese día para nosotros y para los demás como resultado de nuestros actos.

Se dio cuenta de que:

Tus actos están en función de tu Propósito.

Si quieres ser más feliz y más exitoso debes permanecer en el momento presente.

Si quieres que El Presente sea mejor que el Pasado debes aprender del Pasado.

Si quieres que el Futuro sea mejor que El Presente debes planear para el Futuro.

Cuando vives y trabajas con un Propósito

y actúas en función de lo que importa ahora

estás más preparado para dirigir, administrar,
apoyar, hacer amigos y amar.

El hombre comprendió que debía planear su futuro sin el anciano. El hecho era que el querido viejo se había ido y ya no contaba con él.

El hombre se preguntó si sabría lo suficiente.

Entonces sonrió. Sabía lo que el anciano habría dicho:

Que sabía lo suficiente, tenía suficiente y era suficiente.

Algunos deciden recibir El Presente cuando son jóvenes; otros, en la madurez; algunos cuando son muy viejos y otros nunca lo hacen.

Mientras se balanceaba en el columpio, el hombre decidió regresar al Presente.

Había encontrado su Propósito. ¡Compartiría con otras personas lo que él había descubierto!

Se sintió feliz y exitoso.

Al reflexionar sobre el éxito, supo que para cada persona significa algo distinto.

Puede ser llevar una vida más tranquila, realizar un mejor trabajo, pasar tiempo con la familia y los amigos, obtener un ascenso, gozar de buena condición física, ganar más dinero o simplemente ser una persona honrada que ayuda a los demás.

Con lo que el anciano le enseñó y lo que descubrió en sus experiencias, comprendió que:

El éxito consiste en convertirte en lo que eres capaz de ser

y avanzar hacia objetivos valiosos.

Cada quien define por sí mismo lo que significa ser más exitoso.

El hombre reparó en que había aprendido a utilizar las herramientas capaces de hacer más feliz y más exitosa a cualquier persona *a partir de hoy.*

Era muy sencillo. El Presente lo alimentaba, ayudado por las lecciones que había aprendido del Pasado y los objetivos que había planeado para el Futuro.

Y al actuar en función de lo que experimentaba en El Presente, obtenía mayores éxitos.

Se concentraba en lo que era importante a partir de ahora; identificaba y manejaba los desafíos, las oportunidades, conforme se presentaban; valoraba a sus colegas, familiares y amigos.

También se dio cuenta de que, como era un ser humano, no podría permanecer siempre en El Presente. Tal vez perdería contacto con él de vez en cuando, pero era capaz de retomarlo sin problemas.

El Presente siempre estaría esperándolo; podía darse ese regalo cada vez que quisiera. El hombre decidió escribir un resumen de lo que había aprendido.

Lo colocaría sobre su escritorio para recordarlo diariamente.

El Presente

TRES FORMAS DE UTILIZAR TUS MOMENTOS PRESENTES ¡HOY!

Permanece en El Presente

SI QUIERES SER MÁS FELIZ Y MÁS EXITOSO

Concéntrate en lo que sucede ahora.
Utiliza tu Propósito para actuar en función
de lo que importa Ahora.

Aprende del Pasado

SI QUIERES QUE EL PRESENTE SEA MEJOR QUE EL PASADO

Considera qué ocurrió en el Pasado.
Aprende algo valioso de ello.
Actúa distinto en el Presente.

Planea para el Futuro

SI QUIERES QUE EL FUTURO SEA MEJOR QUE EL PRESENTE

Imagina cómo sería un futuro maravilloso.
Haz planes para promoverlo.
Pon en marcha tu plan en El Presente.

EN LOS SIGUIENTES años, el hombre puso en práctica lo aprendido una y otra vez.

Descubrió que no siempre lograba permanecer en El Presente, pero al utilizarlo para ser más feliz y más exitoso en ese momento, logró que El Presente formara parte integral de su vida.

El hombre realizó ajustes sobre la marcha, de acuerdo con las situaciones que enfrentaba. Mejoró día a día en sus labores.

Recibió varios ascensos.

Con el tiempo, el hombre fue nombrado presidente de la compañía. Todos lo respetaban y admiraban.

Su presencia hacía que quienes lo rodeaban se sintieran más vigorosos, más a gusto con ellos mismos.

Parecía escuchar mejor que la mayoría, además de prever y resolver problemas antes que cualquiera.

En lo personal formó una familia afectuosa. Su esposa e hijos lo amaban tanto como él a ellos.

Con el paso de los años se hizo muy parecido al anciano al que tanto admiraba.

El hombre disfrutaba compartir con los demás lo que había descubierto acerca del Presente.

Sabía que muchos valoraban la historia y aprendían de ella, pero otros no.

Sabía, por supuesto, que todo dependía de ellos.

Una mañana, un grupo de empleados nuevos se reunió en su oficina. Él acostumbraba dar la bienvenida a todo el personal.

Una joven vio la tarjeta enmarcada y titulada *El Presente*, y dijo:

«¿Puedo preguntarle qué es eso que está sobre su escritorio?»

«Por supuesto», respondió. «Lo que está en esta tarjeta es el resumen de una historia inspiradora y práctica que le escuché a un gran hombre. Es sobre cómo ser más felices y exitosos en el sentido más amplio, el día de hoy. Me ha sido de mucha ayuda.»

Varios empleados miraron la tarjeta.

«¿Puedo verla?», preguntó la joven.

«Por supuesto.»

El hombre le entregó la tarjeta enmarcada. La mujer la leyó lentamente y luego la pasó a los demás.

Entonces dijo:

«Creo que esto podría ayudarme con un problema que tengo ahora.»

Mientras se la devolvía, agregó:

«¿Podemos escuchar la historia?»

El grupo se reunió alrededor de la mesa de negociaciones y el hombre relató *El Presente*. Luego repartió varias copias de la tarjeta que tenía guardadas en su escritorio. «Espero que les ayude tanto como a mí.»

Durante los siguientes meses, al hombre le pareció que algunos de los empleados nuevos habían adoptado El Presente. Estos individuos progresaban, mientras que otros eran escépticos o simplemente lo habían ignorado.

Tiempo después, la joven que había preguntado sobre El Presente volvió a la oficina del hombre.

Ella había asumido más responsabilidades y se destacaba en su trabajo. «Sólo quiero agradecerle por la historia de *El Presente*. Llevo la tarjeta conmigo y la releo con frecuencia. Ha sido inestimable.»

Dicho esto, salió de la oficina.

Con el tiempo, la mujer compartió la historia con familiares, amigos y compañeros de trabajo.

Muchas personas que escucharon el relato prosperaron, así como las empresas donde trabajaban.

Al hombre le agradaba saber que lo que había aprendido del anciano estaba ayudando a la siguiente generación.

VARIAS DÉCADAS después, el hombre —ahora feliz, próspero y respetado— se convirtió también en un anciano.

Sus hijos habían crecido y tenían sus propias familias. Su esposa se había convertido en su mejor amiga y más cercana compañera.

Aunque se había retirado de los negocios, El Presente seguía proporcionándole mucha energía, y él y su esposa se ocupaban generosamente de actividades en favor de la comunidad.

Un día, una joven pareja con una pequeña hija se mudó al vecindario. Al poco tiempo, la familia fue a visitarlos.

A la niña le gustaba escuchar al «señor», como solía llamarlo. Era divertido estar con él. Era una persona especial pero no sabía a ciencia cierta por qué. Él parecía feliz y la hacía sentir más feliz y a gusto consigo misma.

«¿Por qué será tan especial?», se preguntaba. «¿Cómo puede alguien tan mayor ser tan feliz?»

Un día se lo preguntó. El anciano sonrió y le contó sobre El Presente.

¡La niña saltó de gusto! Mientras se alejaba para jugar, el anciano escuchó cómo gritaba: «¡Vaya! Espero que alguien me regale...»

¡El Presente!

Después de la historia

CUANDO BILL terminó la historia, Liz sonrió y dijo:

«Necesitaba eso.»

Permaneció en silencio por unos instantes mientras reflexionaba sobre la historia.

Entonces, dijo:

«Como habrás visto, tomé muchas notas; obviamente hay mucho que pensar al respecto. ¡Me gusta la idea de concentrar mi atención en lo que sucede ahora para obtener los beneficios desde *hoy!*»

«Siempre he creído que el éxito consiste en lograr el objetivo final, pero me resulta muy útil darme cuenta de que una persona puede llegar a ser exitosa avanzando hacia lo que considera importante cada día. No todo tiene que suceder al mismo tiempo. Pensando de esta manera, todo resulta más fácil.»

Finalmente dijo:

«Muchas gracias por contarme la historia, Bill. Creo que la pondré en práctica para comprobar qué sucede. Cuando lo haga, ¿podemos conversar otra vez?»

«Por supuesto», convino Bill.

«Me dio gusto saludarte», dijo Liz, y luego de intercambiar los cumplidos de rigor, se retiró.

Bill se preguntó qué provecho habría sacado su amiga de la historia.

No tardaría mucho en descubrirlo.

Una mañana, después de su junta semanal con su equipo de trabajo, Bill encontró un mensaje en su correo de voz. Era de Liz.

«Bill, ¿tienes tiempo para que comamos juntos?»

Días después, cuando Bill llegó al restaurante, Liz ya lo estaba esperando. No se veía cansada ni ansiosa; todo lo contrario.

«Te ves maravillosa, Liz. ¿Qué ocurrió?»

«¿Recuerdas la historia que me contaste, *El Presente*?», preguntó sonriendo.

«Claro que la recuerdo.»

«Bueno, pues desde entonces han cambiado muchas cosas y ansiaba contártelas.»

«Cuando nos vimos noté que habías cambiado mucho y para bien. A pesar de que no estaba convencida del todo, empecé a pensar más seriamente en la historia porque era obvio que te había funcionado. Unos días después, en el trabajo, volví a recordarla. Estaba molesta con mi jefa. Teníamos mucho por hacer y me sentía agotada. Ella insistía en que hiciéramos cambios en nuestro plan de mercadeo, cambios que yo no creía necesarios. Con todo lo que teníamos que hacer, me molestó que nos pidiera más. Ella continuó hablando sobre los cambios de la economía y el mercado y sobre la necesidad de adaptarnos, pero yo no quise escuchar. Era el mismo sermón de siempre sobre que hacía falta un nuevo plan comercial, pero esta vez dijo que yo seguía cabalgando en mis éxitos anteriores, que me estaba aferrando al Pasado.»

«Mi primera reacción fue apartar de mi mente todo lo que me decía, tomando en cuenta lo mucho que tenía que hacer, pero recordé la parte de la historia en la que el anciano dice que puedes aprender del Pasado pero no es conveniente permanecer en él. Empecé a preguntarme si no había permanecido demasiado tiempo ahí, en el Pasado. Pero también me preocupaba el Futuro. No me sentía preparada para él.»

Luego agregó riendo:

«¡Creo que he estado en todo lugar menos en El Presente! De cualquier forma, seguí pensando en la historia, en especial en la parte del final.»

«¿Qué parte?»

«En la que el hombre se da cuenta de que estar en El Presente significa ser consciente de cuál es tu Propósito ahora, y actuar en consecuencia. Al principio no lo entendí, pero luego me pregunté a cada momento: '¿Cuál es mi Propósito ahora? ¿Qué estoy haciendo para que sea realidad?'»

«Fue entonces cuando revisé mis notas y las pasé en limpio. Añadí algunas ideas sobre cómo poner en práctica lo que había aprendido e intenté hacerlo. La primera vez fue una mañana mientras me preparaba para ir al trabajo. Muchas veces estaba 'muy ocupada' durante el desayuno cuando mi hijo quería mi atención. Pero en cuanto me concentré en El Presente y tomé conciencia de que mi Propósito en ese momento era ser una buena mamá, pude darle toda la atención que necesitaba, estar verdaderamente presente. Escuché lo que era importante para él en ese momento. Ambos nos sentimos más felices.»

«Ahora disfrutamos momentos como ése más seguido. Es sorprendente lo fácil que es estar de lleno en El Presente y cómo cambia todo.» Y luego agregó: «¡De inmediato!»

Bill rió y Liz continuó:

«Me asombra el enorme efecto que la historia está ejerciendo no sólo en mí sino también en las demás personas a las que se las he contado.»

«¿Las demás?», preguntó Bill.

«Sí, por ejemplo: un día, uno de nuestros vendedores estrella parecía deprimido y le propuse que tomáramos un café. Cuando le pregunté qué sucedía, se quejó de que sus comisiones apenas sumaban la mitad de lo que había ganado el año anterior en esa época. Le pregunté por qué, y respondió algo como: 'La situación del mercado es terrible. Nadie puede vender en estas condiciones.'»

«El vendedor empezó a alterarse cada vez más y dijo: 'Mi jefe cree que la razón por la que mis ventas han bajado es porque estoy holgazaneando. ¡No puedo creerlo! El año pasado le hice ganar mucho dinero a esta compañía. ¿Eso no cuenta?'»

«Entonces le conté la historia de *El Presente*. Eso sucedió hace más de tres semanas, y hace un par de días se presentó en mi escritorio con una sonrisa de oreja a oreja. Cuando le pregunté por qué estaba tan contento, exclamó: '¡Acabo de cerrar una gran venta!' Hablamos un rato y me dijo que le iba mejor porque había aprendido a dejar atrás el Pasado y a vivir más en El Presente.»

«Me comentó que cuando pensaba en todo el dinero que solía ganar y en lo poco que ganaba ahora, se enfadaba; sus clientes lo percibían.»

«'Ahora', dijo, 'cuando veo una expresión negativa en mi cliente examino mis pensamientos y normalmente descubro que se refieren a cuán difícil es cerrar una venta este año en comparación con el pasado. Luego me pregunto cuál es mi Propósito ahora y si estoy actuando adecuadamente para completar mi cuota de ventas o satisfacer las necesidades de mi cliente. Entonces me doy cuenta de que mis preocupaciones no son lo que a ellos les importa; que mi Propósito es ayudar a mis clientes a obtener lo que quieren'.»

«'Cuando dejo atrás el Pasado y me sumerjo en El Presente, puedo concentrarme en cómo ayudar ahora a mis clientes a cubrir sus necesidades y en nada más. Cuando lo hago, *voilà*, la venta se cierra con mayor frecuencia'.»

Liz continuó:

«Comprendió que simplemente necesita dar su mejor esfuerzo ahora puesto que es lo único sobre lo que tiene control.»

«Dice que es increíble cuánto lo ha ayudado y que tan pronto lo entendió, el estrés cedió. Casi sin darse cuenta, empezó a disfrutar su trabajo de nuevo. Además, escribió varias notas sobre la historia —al menos sobre la forma en que él la recordaba—, ¡y las pegó en la pared de la oficina! Yo las he visto.»

Bill miró a su amiga y sonrió.

«Es fantástico», dijo. «¿Le has contado a alguien más sobre *El Presente*?»

«Sin duda», continuó Liz. «Mi mejor amiga del trabajo atravesó por un divorcio terrible hace poco. Como es comprensible, estaba herida y enojada, y estos sentimientos afectaban sus labores. Se retrasó en un par de proyectos y cuando llamó para reportarse enferma una vez más, su jefe se molestó.»

«Una noche fui a su casa. Hablamos un rato y le conté la historia de *El Presente*. Unos días después, mi amiga puso un tazón sobre mi escritorio. Me dijo que cada vez que no estuviera en El Presente y empezara a pensar en su divorcio y en lo enojada que estaba con su exesposo, vendría a mi oficina y dejaría un dólar en él. Luego agregó riendo que si algún día dejaba de hacerlo me invitaría a cenar; estaba segura de que habría dinero suficiente para pagar una costosa cena.»

«Durante las primeras semanas iba a mi oficina casi cada hora y depositaba uno, dos o hasta tres dólares por cada vez que se había permitido pensar en lo que podía o debía haber sido. Poco a poco, la cantidad disminuyó; esta semana el tazón no ha recibido ni un solo dólar.»

«Un día me comentó que no fue sino hasta que vio físicamente cuánto tiempo y dinero desperdiciaba en rumiar el Pasado, que comprendió cuánto daño se estaba haciendo. No podía concentrarse en el trabajo, sus amigos estaban hartos de sus gimoteos y su energía había tocado fondo. Estaba actuando como si su Propósito fuera seguir herida y enojada en vez de seguir adelante y mejorar su vida.»

«Me dijo que mientras más capacidad tiene de aprender del Pasado para después liberarse de él, más puede concentrarse en El Presente, y que le resulta especialmente útil imaginar *hoy* cómo sería un Futuro maravilloso.»

«Ahora, cuando sale del trabajo planea cómo quiere estar con sus hijos al llegar a casa: un instante antes de bajar del auto y entrar en la casa, imagina cómo quiere estar con su familia durante las siguientes horas. No se visualiza distrayéndose con el periódico o la televisión. Se imagina como una persona más relajada que disfruta su casa y como una madre amorosa, y está sorprendida de cuánto han mejorado las cosas. Obviamente, su desempeño en el trabajo mejoró también. Muchas personas lo han notado, en especial su jefe. Esta mañana entró en mi oficina diciendo: 'Creo que es momento de que vayamos a cenar. ¡Yo invito!'»

Bill dijo:

«Eso es maravilloso, Liz.»

«Realmente maravilloso», respondió ella. «También le conté a mi esposo sobre cuánto hemos mejorado mis compañeros y yo en el trabajo, y que eso se debía en gran parte a lo que habíamos aprendido del Presente.»

«Mi esposo siempre está preocupado por cómo vamos a solventar gastos como los de la universidad de los gemelos, aunque ellos apenas tienen cinco años. Está obsesionado con obtener un ascenso y ganar más para que compremos una casa más grande. Le asusta que, llegado el momento, no tengamos dinero suficiente para retirarnos.»

«Lo amo por ser un hombre responsable y por preocuparse por su familia, pero veo cuánto estrés le provoca todo eso sin que se dé cuenta. Yo deseaba contarle la historia de *El Presente* pero había decidido no hacerlo hasta que quisiera escucharla.»

«Una noche me preguntó sobre ella. Yo le serví una copa de su vino favorito y se la conté. No sabía con seguridad si me estaba prestando atención, pero cuando terminé dijo: 'Lo que me gusta de la historia es cómo uno se preocupa menos cuando tiene un plan para el Futuro, pues tenemos más certeza sobre él.' Luego preguntó: '¿qué fue lo que dijo el anciano en *El Presente*? *Es importante planear para el Futuro si quieres que éste sea mejor que El Presente.*' Al final agregó: 'Creo que tú y yo no hacemos eso muy seguido'.»

«Tenía razón. Yo tampoco planeaba para el Futuro y ha sido una grave deficiencia. Mi esposo sugirió: '¿Por qué no dedicamos unos minutos del sábado a revisar nuestra situación económica?' Yo asentí y dije: 'Mientras tanto, a partir de hoy, podemos reunir nuestros estados de cuenta y todo lo que podamos necesitar.' Él estuvo de acuerdo.»

«Tuvimos una muy buena sesión de planeamiento financiero; la mejor de todas. Abordamos varios asuntos que habíamos estado posponiendo. Esa misma semana, mi esposo se acercó y me dio un gran abrazo. Cuando le pregunté por qué estaba de tan buen humor, dijo: 'Me siento mucho mejor.'»

«'¿Por qué?'», le pregunté.

«'Al reflexionar sobre esa historia me di cuenta de que he estado tan preocupado por nuestro futuro que no he disfrutado lo que tenemos ahora. Me he estado partiendo el lomo para ganar más y más dinero y de pronto caí en cuenta de que aunque ganara un millón de dólares al año, siempre existiría algo que no podríamos pagar o anticipar'.»

«Finalmente se dio cuenta de que estaba trabajando demasiado en su futuro monetario sin disfrutar su 'presente familiar'. Había olvidado por qué trabajaba tan duro. Dijo que actuaba como si su Propósito fuera obtener dinero, y no sostener y honrar a su familia a través del dinero que ganaba.»

«Luego añadió: 'Ahora entiendo que debo apreciar cada día tal como es y vivirlo plenamente en vez de adelantarme al futuro. Mientras los niños vean que tú y yo somos más felices juntos, ellos serán más felices sin importar en qué casa vivamos o qué auto tengamos. Si bien es importante planear para el Futuro, como lo hicimos el fin de semana pasado, no debemos vivir en el Futuro. Ya comprendo la diferencia'.»

Liz permaneció unos momentos en silencio recordando la experiencia con su esposo.

Bill sonrió y le preguntó:

«¿Te está funcionando en el trabajo esta forma de pensar?»

«Por supuesto», respondió Liz. «Hace poco, uno de nuestros departamentos sufrió un descenso en las ventas de uno de nuestros productos más populares. Circularon rumores de que habría recortes presupuestarios y de personal, tal como en la historia. Todos temíamos que alguno de nuestros amigos perdiera su empleo. Yo me pregunté qué podía hacer al respecto. Me di cuenta de que necesitaba concentrarme en desarrollar productos novedosos y mejores.»

«Envié un memorando para pedir a todos que reflexionaran sobre el Futuro de nuestros productos y programé una junta de dos horas para la mañana siguiente. La reunión tuvo tal ímpetu que duró una hora más de lo que yo esperaba, y antes del almuerzo habíamos logrado un gran avance. Esa misma tarde varias personas propusieron algunas mejoras.»

«Descubrí que al planear para el Futuro empezábamos a lograr lo que debíamos. Gracias a ello pude reconcentrarme y actuar en función de las necesidades presentes de la compañía.»

«Al final del día fui al partido de fútbol de la liga de verano donde juega mi hija. Mientras estuve ahí me concentré en El Presente, en ella, y dejé a un lado los pensamientos sobre nuestros productos futuros. Ya habría tiempo para eso al día siguiente.»

«Cuando concluyó el juego estuve con ella, en El Presente, como nunca antes lo había estado.»

«Me doy cuenta de que lo que importa ahora siempre está cambiando, pero ahora mi Propósito general es hacer contribuciones reales en el trabajo, y ser una buena esposa y madre. Esto me da una dirección clara en todo lo que hago. Descubrí que si me concentro en la tarea que tengo frente a mí en el momento presente, me desempeño mucho mejor. Y no soy la única. Muchos de mis compañeros de trabajo y familiares han aprendido a hacerlo también.»

Bill preguntó:

«¿Les mostraste tus anotaciones?»

«¡Por supuesto!», exclamó Liz. «Desarrollé mis notas y escribí la historia lo mejor que pude.

Entonces la compartí con varias personas. Admito que no todos los que la oyeron o leyeron se han beneficiado. Muchos compañeros del trabajo no la entienden, pero los que sí la comprenden han favorecido enormemente a la compañía. ¡La historia ha ejercido una gran diferencia!»

Liz sugirió:

«¿Te gustaría venir y comprobarlo por ti mismo?»

Bill dijo que le gustaría mucho leer sus escritos y que la visitaría en la oficina pronto.

Liz miró su reloj y vio que era hora de regresar. Pidió la cuenta y dijo:

«En verdad te agradezco que me hayas contado *El Presente*. Ha cambiado todo.»

«No hay por qué agradecerlo, Liz. Me alegro de que le hayas dado tan buen uso. También me agrada que reconozcas que mientras más personas vivan y trabajen en El Presente, más se beneficiarán ellas, sus familias y sus organizaciones, como has descubierto por ti misma.»

«Bueno», dijo Liz, «es un estupendo plan que puede utilizarse como fuente de inspiración y orientación práctica.»

«Al poner en práctica El Presente hoy, uno se vuelve más feliz y exitoso día a día, hasta que el sistema se convierte en parte de la vida.»

«En definitiva, voy a ponerlo más en práctica en nuestra empresa. Cuando encuentras algo que funciona, quieres que la mayor cantidad de personas lo aproveche también cuanto antes.»

«Cuando las personas son más felices y más exitosas, ya sea en el trabajo o en la casa, todos se benefician.»

«Voy a compartir El Presente con los demás.»

Bill sonrió y dijo:

«¿Qué pasó con mi amiga 'la escéptica'?»

Liz devolvió la sonrisa y dijo:

«Quizá se regaló...

¡El Presente!

fin

Para conocer más...

Para conocer más sobre productos y servicios basados en El Presente, dirigidos a individuos y organizaciones, visita:

ThePresent.com

o llama al: 1-800-851-9311

Sobre el autor

EL DOCTOR SPENCER JOHNSON es uno de los autores más respetados y queridos del mundo. Ha enseñado a millones de personas a disfrutar una vida mejor a través del uso de verdades sencillas y profundas que fomentan el desarrollo y el éxito en el trabajo y en la casa.

Por sus historias inspiradoras y amenas que hablan directamente al corazón y al alma, es considerado el escritor más hábil para tratar temas complejos y proponer soluciones sencillas y eficaces.

El doctor Johnson es autor y coautor de varios libros incluidos en las listas de éxitos de ventas del *New York Times*, entre ellos, *¿Quién se ha llevado mi queso? Cómo adaptarnos a* *un mundo en constante cambio* y *El ejecutivo al minuto* —el más prestigiado método de administración en el mundo— escrito en colaboración con Kenneth Blanchard.

Luego de obtener la licenciatura en psicología en la University of Southern California (Universidad del Sur de California), el doctor Johnson realizó un doctorado en el Royal College of Surgeons (Colegio Real de Cirujanos) y cursó estudios de administración de instituciones de salud en la Mayo Clinic (Clínica Mayo) y en la Harvard Medical School (Escuela de Medicina de Harvard).

Fue Director de Comunicaciones de Medtronic, empresa inventora del marcapasos cardiaco; investigador en The Institute for Inter-Disciplinary Studies (Instituto de Estudios Interdisciplinarios); asesor de The Center for Study of the Person (Centro para el Estudio de la Persona), y recientemente fue miembro del cuerpo docente y la junta rectora de la Harvard Business School (Escuela de Administración de Harvard).

Su trabajo ha recibido la atención de importantes medios de comunicación, entre ellos, CNN, *Today Show*, *Time Magazine*, BBC, *Business Week*, *New York Times*, *Readers Digest*, *Wall Street Journal*, *Fortune*, *USA Today*, Associated Press y United Press International.

Sus libros se han traducido a cuarenta idiomas.

El presente se terminó de imprimir en noviembre de 2003, en Litográfica Ingramex, S.A. de C.V. Centeno No. 162, col. Granjas Esmeralda, C.P. 09810, México, D.F.

Certificado No. 02-2082